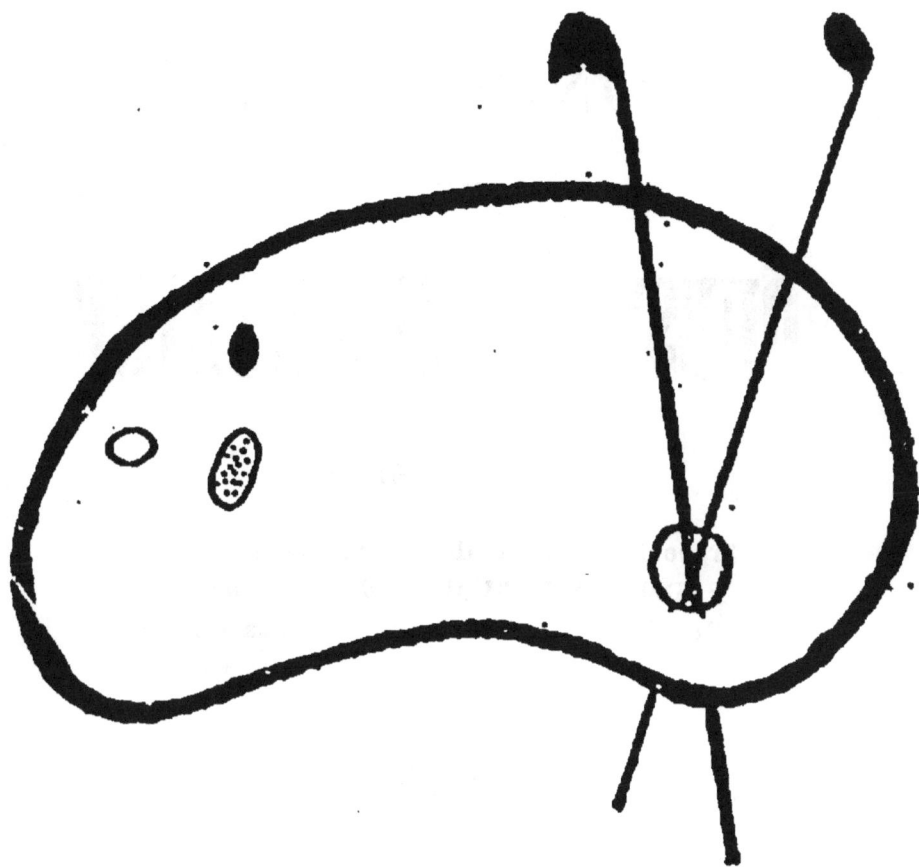

DEBUT D'UNE SERIE DE DOCUMENTS
EN COULEUR

ILE DE LA RÉUNION

CONFÉRENCE

QUESTION MONÉTAIRE

PAR M. IMHAUS

Trésorier général des Bouches-du-Rhône,
Délégué du Ministre des Finances
et du Ministre de la Marine et des Colonies

MARSEILLE

TYP. ET LITH. BARLATIER-FEISSAT PÈRE ET FILS,
Rue Venture, 19.

1879

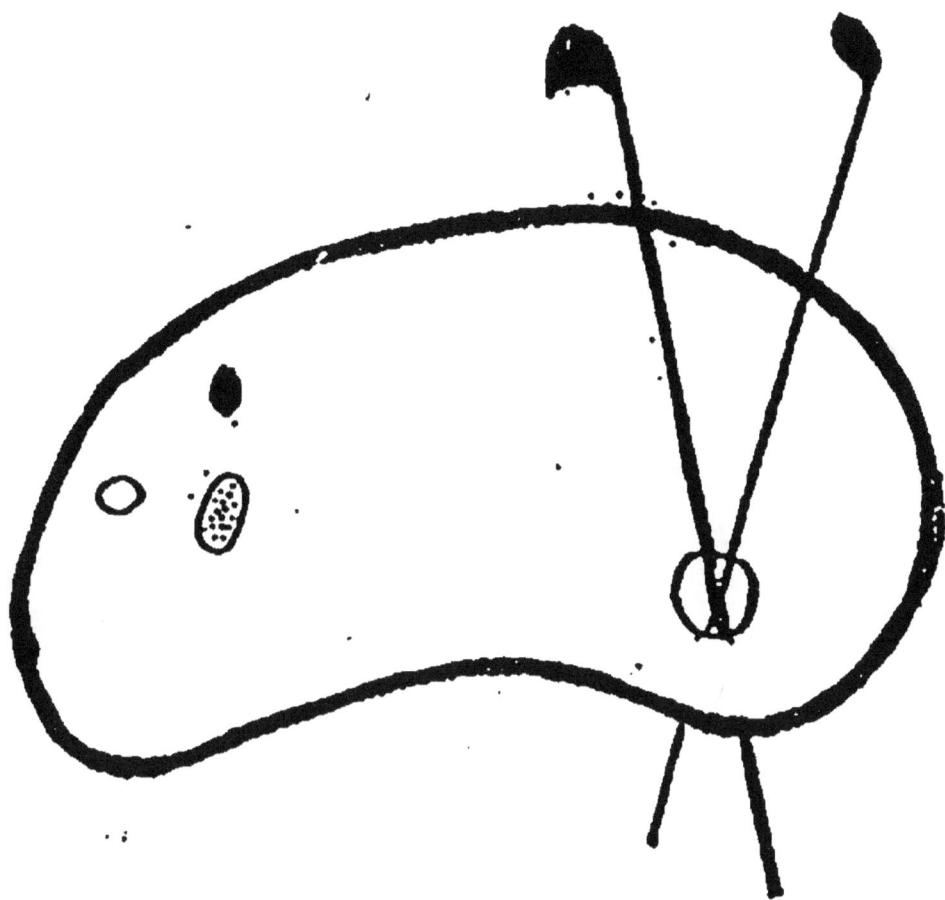

FIN D'UNE SERIE DE DOCUMENTS
EN COULEUR

CONFÉRENCE

QUESTION MONÉTAIRE

PAR M. IMHAUS

*Trésorier général des Bouches-du-Rhône,
Délégué du Ministre des Finances et du Ministre
de la Marine et des Colonies.*

M. Imhaus, délégué par le Ministre des finances et le Ministre de la marine et des colonies, pour prêter au Gouvernement local son concours dans l'application à la Colonie du système monétaire de la Métropole, a exposé dans les termes que nous allons rapporter plus bas l'objet de sa mission et les mesures prises par l'autorité pour l'exécution du décret du 3 avril 1879.

Le Délégué des ministres, jaloux d'éclairer le commerce sur les vues du Gouvernement et de repousser d'injustes attaques, a cru ne pouvoir mieux faire que de provoquer une réunion privée, tenue chez l'un de ses amis, M. Drouhet, président du Conseil général. C'était, pour lui, la seule façon de s'expliquer digne de son mandat et la meilleure manière de faire la lumière autour d'une question qu'on se plaît à obscurcir.

L'assemblée était nombreuse et composée en grande partie de patentés commerçants. M. Drouhet qui présidait la réunion, a ouvert la conférence par ces paroles :

« Messieurs, mon honorable ami, M. Imhaus, chargé d'assister le Gouverneur dans la mission si délicate de l'établissement du régime monétaire français, a désiré s'entretenir directement avec vous, qui appartenez au commerce, qui avez cru devoir prêter à cette œuvre l'appui d'une manifestation adressée au Chef de la Colonie. J'ai été heureux de lui offrir ma maison pour qu'il pût conférer avec vous et je n'ai qu'un regret, c'est qu'elle ne soit pas plus grande et n'aie pas pu donner accès à un public plus nombreux. Car j'aurais désiré que tous ceux qu'inquiètent les mesures adoptées par la France vinssent ici entendre les explications franches et loyales qui vont vous être données par le Délégué des Ministres des finances et de la marine. Nul plus que lui n'avait qualité pour vous les fournir directement; nul ne saurait avoir plus d'autorité pour vous faire comprendre combien la mesure si vivement critiquée par quelques-uns est aussi favorable aux intérêts publics de la Colonie et aux intérêts privés de chacun de nous qu'aux finances de la Métropole.

« Je n'ai pas besoin de vous rappeler quels liens attachent M. Imhaus à ce pays, qui est son pays d'adoption; vous savez tous que son dévouement à la Colonie s'est manifesté avec passion, le mot n'est que vrai, chaque fois qu'il s'est agi d'obtenir pour elle une réforme utile, de réaliser un progrès. Il me suffira de vous rappeler deux circonstances mémorables : en 1870, c'est à sa patriotique initiative, à son intervention personnelle auprès du grand citoyen qui avait charge, à ce moment, des destinées de la patrie, c'est à lui que nous avons dû l'application à tous nos conseils électifs du suffrage universel.

« Quand il s'est agi de l'immigration, un des éléments essentiels de la production de notre colonie et de sa prospérité, c'est encore lui qui a conduit, avec autant de talent que de dévouement et d'abnégation, les délicates négociations qui ont abouti aux conventions de 1860 et 1861. Et tout récemment, l'immigration indienne étant menacée, nous l'avons vu s'empresser de répondre à l'appel qui lui était fait et se rendre à Londres pour y défendre et consolider l'œuvre de 1861. Et moi qui ai été témoin des difficultés de la mission dont M. Imhaus avait spontanément assumé la responsabilité, du zèle qu'il a déployé pour conjurer les dangers qui nous menaçaient, il m'est permis de louer ses services et de proclamer ici hautement qu'il a bien mérité du pays.

Si donc M. Imhaus, dont le patriotisme créole ne saurait être révoqué en doute par personne, a consenti, à son âge et dans sa position, à se séparer des êtres les plus chers à son cœur, à affronter les fatigues d'un long et pénible voyage pour venir ici coopérer à la réussite de la mesure décrétée par le Gouvernement, c'est qu'il y a vu le relèvement d'un pays qui s'affaisse sous le poids de ses charges ; s'il n'avait eu confiance, une confiance absolue, dans l'efficacité du remède apporté à nos souffrances, s'il y avait vu, comme les adversaires de la réforme monétaire, l'achèvement de la ruine de la Colonie, il n'aurait jamais accepté de concourir à une œuvre pareille et aurait laissé à d'autres un soin qui ne lui incombait pas. S'il est venu au milieu de nous, s'il a voulu contribuer à l'application du système monétaire français, c'est qu'il a l'intime conviction que l'intérêt colonial est, à cet égard, en parfait accord avec l'intérêt métropolitain ; c'est qu'il a la passion du bien public et la noble ambition de servir, jusqu'au dernier jour, ce pays qu'il aime de toutes les forces de son âme. *(Applaudissements.)*

La parole est donnée à M. Imhaus.

M. IMHAUS s'exprime en ces termes :

MESSIEURS ,

Je suis vraiment confu des éloges qu'a bien voulu faire de mes services à la Colonie mon honorable ami, M. Drouhet, qui m'a permis de vous réunir sous son toit hospitalier ; qu'il veuille bien recevoir l'expression de ma sincère et profonde reconnaissance. Causons donc de la question qui agite les esprits en ce moment et qui a pris dans la presse une allure qui me constitue, pour ainsi dire, en cas de légitime défense. Ami désormais du silence et désireux de l'oubli, j'eusse souhaité accomplir sans bruit, sans retentissement, la mission que je tiens de la confiance des deux ministres républicains de la Marine et des Finances. Au terme de ma carrière, je me contentais de me rappeler que j'avais pu faire quelque bien en passant sur cette terre et j'étais satisfait.

Mais, si je n'appelle pas la lutte, je ne la redoute pas, et, s'il me plaisait de rester muet, je ne crains pas de parler. Je parlerai donc, puisque j'y suis provoqué, et je vous remercie, vous tous qui avez répondu à mon appel, d'avoir pensé que je pouvais avoir quelque chose d'utile à vous dire. Je voudrais faire passer dans vos esprits la conviction qui obsède ma pensée, je voudrais qu'au sortir de cette réunion, toutes vos bonnes volontés fussent acquises à la résolution virile de faire réussir, par la solidarité de vos intérêts bien entendus, la réforme de notre régime monétaire. Le succès ne fait pas doute pour moi dans l'avenir ; mais il s'agit de l'assurer immédiatement en profitant des enseignements que cette grande réforme économique, accomplie en 1855 aux Antilles, nous a légués.

Ce n'est pas d'aujourd'hui, mais dès longtemps, ce n'est pas ici, mais partout, qu'on a constaté un phénomène qui se produit invariablement et qui est le résultat d'une loi économique inflexible. L'usage des monnaies surhaussées a pour conséquence inévitable la surélévation du prix de toutes choses. C'est ce qui a eu lieu ici : tout y est monté à un prix hors de proportion avec les prix pratiqués en France ; tout, depuis le livre qui sert à l'éducation de nos enfants jusqu'aux vêtements les plus simples, jusqu'aux courses de voitures. Pourquoi ? parce que le signe représentatif de la valeur n'est pas le même qu'en France, parce que la roupie que vous donnez ici pour 2 fr. 50 ne vaut que 2 fr.

Pour nous rendre bien compte, d'ailleurs, de

la situation, je voudrais vous communiquer mes idées, vous dire tout ce que je pense des diverses phases économiques qu'a traversées la Colonie depuis l'émancipation et qui ont abouti à la crise actuelle. Remontant donc à 1848, je vois que la Colonie faisait, du temps de l'esclavage, 22 à 23 millions de sucre : c'était le maximum possible de la production avec les bras dont on disposait alors. — L'émancipation est proclamée; la Colonie applaudit à ce grand acte humanitaire; grâce au respect qu'on avait eu pour les forêts, les pluies étaient périodiques et bienfaisantes, la petite propriété florissante et la Colonie heureuse. Mais la fortune enivre : la nécessité, d'ailleurs, de combler les vides qui s'étaient produits sur les habitations, en même temps que l'ambition d'augmenter les produits pour diminuer les frais généraux, amenèrent une large introduction de travailleurs indiens.

Peu d'années après, 70,000 indiens produisaient 75 millions de kilogrammes de sucre ; mais ce développement prodigieux avait été obtenu par de douloureux sacrifices, que l'on devait regretter amèrement. Une fois les bois disparus, la petite propriété anéantie, les cours d'eau taris, le sol surexcité par l'usage immodéré du guano, les récoltes détruites par la maladie de la canne et les sécheresses, l'habitant endetté par suite d'entreprises mal calculées, une crise effroyable, châtiment providentiel, ne tarda pas à se produire.

On avait tué la poule aux œufs d'or, et, comme si la hache du bûcheron marchait trop lentement, on avait eu recours au feu, on avait incendié les forêts et promené la torche jusqu'aux remparts les plus inaccessibles. C'est alors que, malgré les efforts les plus désespérés, la Colonie retomba au chiffre de sa production d'avant l'émancipation. L'équilibre se trouva donc rompu, les importations dépassèrent les exportations. Le change fut à 5 % de prime, puis à 6, 7, 8 et 9 ; il est monté, vous le savez, jusqu'à 17 1/2 % !

Ici je m'arrête et je me demande si cette progression est justifiée. Eh bien, je déclare que non ; le change à 17 1/2 n'a pas de cause rationnelle, il est contredit par les faits économiques que je vais avoir l'honneur de vous citer. Sans doute la Colonie est malheureuse, sans doute elle n'est pas libérée ; mais, depuis quatre ans, l'équilibre entre les importations et les exportations a été rétabli en sa faveur. Elle consomme moins qu'elle n'exporte, et je vais vous en faire la preuve en vous mettant sous les yeux des chiffres dont je certifie l'exactitude. Je ne parle que de ce que je sais, mais ce que je sais suffit pour faire la démonstration de ce que j'ai avancé. Je vous parlerai du Crédit foncier ; j'ai l'honneur d'être un des administrateurs de cette société financière après en avoir été un des fondateurs.

Or, le Crédit foncier, qui n'exproprie que

lorsqu'il a la douleur de n'avoir que cette ressource extrême contre ses débiteurs, le Crédit foncier, dis-je, possède seize habitations, dont huit exploitations sucrières. Or, voulez-vous savoir ce que l'ensemble de ces propriétés a laissé de bénéfice net? 250,000 fr. pour le dernier exercice et nous avons l'espoir d'obtenir 400,000 fr. cette année. C'est peu sans doute, si l'on considère le capital engagé, mais ce résultat prouve au moins que les frais de faisance-valoir sont inférieurs aux revenus, c'est-à-dire que les établissements du Crédit foncier, soit environ le 10me de la Colonie, consomment moins qu'ils ne produisent. Vous avez M. de K/véguen, dont les vastes établissements représentent environ un dixième encore de la Colonie et qui retire de ses propriétés un profit considérable, grâce à une administration intelligente. Vous avez aussi MM. A. Bellier, Chabrier du Gol, Blainville Choppy, etc., qui font des revenus nets. Qu'ils me pardonnent d'avoir prononcé leurs noms, mais il importait de constater qu'*à notre connaissance*, près de la moitié de la production laisse un bénéfice certain. Eh bien, groupez tous ces résultats connus de l'exploitation du sol et vous en conclurez avec moi que la Colonie, dans son ensemble, n'est pas au-dessous de ses affaires. Sa situation s'améliorera encore sous ce rapport, puisque l'entreprise du port donnera lieu annuellement à une émission de traites de 4 millions au moins ou à une introduction de monnaie française d'égale somme. Donc, si elle a encore une dette, elle l'atténue depuis plusieurs années au lieu de l'augmenter, et, si le commerce français lui fait crédit, c'est qu'elle le mérite. Si haut que puisse être le taux de l'intérêt, on ne prête pas à qui se ruine, et même plus l'intérêt offert est élevé, moins il y a de confiance. Donc, l'accroissement progressif du change ne se justifie pas à ce point de vue. Pourquoi n'a-t-il pas diminué, puisque c'était une conséquence logique de la situation économique du pays ?

Ah ! c'est que le colon, qui avait montré une si grande ardeur à conquérir une fortune rapide sur le sol vierge des tropiques, a manqué de ressort pour lutter contre une adversité écrasante et inattendue. Le créole est brave, énergique quand il s'agit d'affronter la mort et de répandre son sang sur un champ de bataille pour la défense de la patrie. Rappelons-nous la glorieuse défense de 1810, la lutte sanglante de la Crimée et les courageux efforts de nos compatriotes en 1870. Partout ils se sont montrés les dignes enfants de la France. Mais, il faut le reconnaître, le créole oppose moins de résistance aux revers de la fortune. Ainsi, dans les crises financières, au lieu de se raidir, de grouper les volontés éparses, il s'est soumis, il a perdu le sentiment du moi, de son individualité, oubliant que, si l'union fait la force, la résistance est un devoir dans certaines circonstances. Il suffit alors de réunir en un faisceau ces volontés éparses pour conjurer une calamité qu'on représente comme naturelle, inévitable, voire même comme un bienfait. J'ai nommé le change à 17 %.

Comment ! les traites sont à 17 % de prime et vous ne vous en inquiétez pas ! vous ne trouvez pas cela anormal ! Vous ne cherchez pas à vous rendre compte des causes qui produisent cette élévation excessive du change. Vous laissez la roupie envahir votre marché monétaire. Vous laissez la roupie faire les délices de quelques-uns, alors qu'elle cause tant de mal à votre pays.

Vous n'ignorez pourtant pas que l'élévation du change se justifie surtout par la différence de valeur des monnaies ; il est à 25 % à Maurice, parce que l'étalon à Maurice est la roupie. Or, si le taux écrasant du change pouvait s'expliquer chez nous, dans une certaine mesure, sous le règne de la roupie, il n'a plus de raison d'être du moment que la monnaie nationale a détrôné celle-ci. Le change ne doit plus dépasser la somme que coûte le transport des monnaies en France. C'est élémentaire.

Mais, dit-on, s'il coûte plus cher, on exportera le numéraire français. Je réponds d'abord qu'on exportait tout aussi bien le numéraire étranger : témoin les quadruples de la Banque.

J'ajoute que, si vous vouliez associer vos efforts, vous auriez contre le danger de l'exportation du numéraire la force collective de résistance qui vous a fait défaut jusqu'ici, et vous ne verriez plus tel homme qui ne tremble pas devant la pointe d'une épée ou la bouche d'un pistolet, hésiter, même dans les questions qui l'intéressent le plus, à dire courageusement son opinion en public et à la faire triompher.

Et avant que je vous dise comment je comprends l'attitude que vous devez avoir aujourd'hui, permettez que je vous rappelle ce qui s'est passé dans la Métropole au sujet de la question monétaire, dont la solution est définitive. Sans doute, la Chambre de commerce et la Chambre d'agriculture ont adressé au Département des mémoires contraires à la réforme monétaire, lesquels ont été lus avec toute l'attention qu'ils méritaient. Mais, à côté de ces documents, vos députés, comme le Gouvernement, ont reçu des lettres particulières qui réclamaient avec la plus grande énergie contre le taux des traites sur France. Qu'a fait alors le Gouvernement? Sur le rapport de l'éminent ministre des finances, M. Léon Say, il a constitué une commission chargée d'étudier le régime monétaire aux Colonies.

Je détache du rapport de M. Say le passage suivant :

« Dans quelques colonies, les monnaies étrangères sont reçues aux caisses publiques à un taux légal dont la fixation remonte parfois à une époque fort ancienne et qui n'est plus en rapport avec les faits actuels.

« On ne saurait prendre un parti en une matière aussi difficile, *sans avoir égard à la situation des Banques coloniales,* placées sous la surveillance et le contrôle du gouvernement métropolitain, à l'importance de leur circulation fiduciaire, au fonctionnement régulier qu'il importe de leur assurer. »

J'ai tenu à vous lire ce passage, parce qu'il témoigne de la sollicitude du ministre des finances pour les Banques coloniales, dont la prospérité lui paraît, avec raison, indissolublement liée à la prospérité même de la Colonie.

La commission fonctionna ; elle appela dans son sein M. Girod, l'intelligent et habile directeur du Comptoir d'escompte, qui déclara que l'élévation du change, résultat de la surélévation des monnaies, était une des causes des graves embarras dans lesquels se débat la colonie de la Réunion. On interrogea aussi le Directeur du mouvement des fonds au département des finances, qui jugea que l'état actuel était déplorable et appelait un prompt remède. Un autre membre exprima cette opinion que les contribuables métropolitains ne devaient pas supporter plus longtemps les frais de l'amour que paraissait avoir la Réunion pour les roupies:

Et, en effet, l'encaisse du Trésor, qui ne doit pas dépasser réglementairement 1,800,000 fr.,

était montée à cette époque jusqu'à 8 à 9 millions, dont près de 4 millions en roupies ; ce qui
était, à la fonte, une perte certaine pour le
Trésor, pouvant varier de 400 à 800 mille fr.,
suivant la baisse croissante de l'argent et le
titre des roupies. Il devenait donc urgent de
mettre un terme à des sacrifices, que les nouvelles introductions de roupies ne faisaient
qu'aggraver chaque jour. De plus, à la perte
d'intérêts que causait au Trésor une encaisse de
8 à 9 millions, il fallait ajouter les frais de
remise en France.

M. Bocher, le directeur actuel de l'agence
du Comptoir d'escompte à la Réunion, fut, lui
aussi, entendu. Il dit que, d'une malle à l'autre,
le change s'était élevé de 5 % sans cause appré-
ciable. Il ajouta que cette progression était *une
calamité*.

M. Calmon, président de la commission,
s'émut de ces révélations et exprima l'avis qu'il
n'y avait plus à ajourner la mesure de la démonétisation des pièces étrangères, que l'application du système monétaire français s'imposait
comme une urgente nécessité dans l'intérêt des
finances de l'État. Et remarquez que la réforme,
au fond, n'a d'autre but que de fermer l'accès
des caisses publiques aux monnaies surfaites ;
l'État ne veut plus recevoir dans ses coffres pour
2 fr. 50 des roupies qui ne valent que 2 fr. ; voilà
tout. Que si le commerce local dédaigne les
avantages de cette réforme, que s'il veut conti-

nuer à faire ses délices des roupies, il en est
parfaitement le maître.

Le principe donc admis, la question fut posée
de savoir qui supporterait les frais de la démonétisation. Un membre répondit : La colonie de
la Réunion, comme autrefois la Guadeloupe et
la Martinique. C'est alors que je pris la parole
pour déclarer que, dans mon opinion, ni la
Colonie, ni les particuliers n'étaient en situation de supporter les frais de la démonétisation ;
que l'État seul pouvait la faire dans des conditions d'économie que je vais avoir l'honneur de
vous exposer. Ces conditions ayant été plus tard
modifiées, je n'en parle ici que pour mémoire.

Je raisonnais ainsi : En 1694, le gouvernement anglais ; ayant besoin d'argent pour l'ar-
mement de sa flotte, proposa aux marchands de
la Cité de leur accorder le privilége de créer
une Banque à la condition que le capital, estimé
30 millions de francs, lui fût versé en espèces
contre un bon de l'Échiquier. La proposition
fut acceptée et la Banque d'Angleterre fut
fondée, prospéra et ce bon de l'Échiquier, con-
sidérablement augmenté, fait encore partie de
son encaisse métallique. La signature de la
France valant celle de l'Angleterre, le Gouvernement français pouvait faire, à mon avis, un
bon de quatre millions, montant de l'encaisse
de la Banque de la Réunion, le déposer dans
ses coffres contre son encaisse métallique, qui
eût été envoyée en France. Cette encaisse, com-

posée de quadruples et de roupies, devait être convertie en pièces de 20 francs, avec lesquelles on eût acheté des bons du Trésor à 3 ou 4 ans d'échéance, portant intérêt à 4 % l'an. Ces intérêts accumulés étaient destinés à couvrir la perte de la transformation monétaire des quadruples et des roupies en monnaie nationale.

Ainsi, il n'y avait de ce chef dommage ni pour la Colonie, ni pour la Banque, ni pour la Métropole.

Je ne me dissimulais pas les objections que pouvait rencontrer cette combinaison, qui avait pour moi le mérite de lever tous les scrupules de la Commission du budget et de désintéresser complètement la Colonie. Je laisse, bien entendu, de côté l'encaisse du Trésor ; là, le sacrifice était inévitable et le ministre le savait ; je visais la somme de monnaies en circulation dans le public, dont le maximum était estimé deux millions et dont la démonétisation devait causer un sacrifice nouveau que je voulais épargner à la Métropole. — Je n'ignorais pas que le cours forcé des billets de la Banque devait être temporairement la conséquence de la mesure : je n'en parle plus, puisque le Gouvernement y a renoncé.

La Banque ayant refusé son concours, cette opération n'a pu aboutir, malgré tout le talent et tout le dévouement avec lesquels M. l'inspecteur Hocdé s'est acquitté de sa mission. Je tiens à lui rendre cet hommage. Le premier décret, dont je viens de vous faire connaître l'économie a donc été retiré et M. Hocdé rappelé. On s'est demandé alors ce qu'il y avait à faire et je dois vous le dire tout de suite : si vous aviez eu un ministre des finances avec une volonté moins persistante de faire cesser un état de choses aussi intolérable, vous feriez encore, pas tous, mais quelques-uns, vos délices des roupies indiennes et du change à 17 % (*Applaudissements*).

Le Gouvernement consulta vos Représentants, qui jouissent en France d'une autorité justement appréciée ; il consulta M. le commissaire-général Cuinier, votre nouveau gouverneur, qui accepta, en parfaite connaissance de cause, le mandat de réformer votre régime monétaire. Et puisque j'ai été amené à prononcer le nom du Chef de la Colonie, j'ajouterai que la Réunion peut dire aujourd'hui qu'elle a un gouverneur. Je suis son hôte et je dois mettre à l'éloge qu'il mérite des bornes qui coûtent à mon cœur ; mais vous avez en lui un administrateur éclairé, capable, ferme et surtout dévoué au pays. S'il veut être gouverneur, dans toute l'acception du mot, il est jaloux aussi, et c'est son ambition la plus chère, d'être le père de ses administrés. S'il a accepté de venir ici réformer votre système monétaire, c'est qu'en homme de cœur il est persuadé qu'il vous apporte un bienfait.

J'ai été consulté, moi aussi, et voici qu'elle a été l'opinion que j'ai exprimée : je me suis dit

que la France comptait 36 millions d'habitants,
soumis aux mêmes lois, au même code civil et
pénal, au même régime monétaire, au même
système décimal, qu'elle devait tenir à ce qu'il
en fût de même partout où flotte son drapeau.
J'ai pensé qu'il était anormal qu'un petit coin de
terre, qui renferme 200,000 habitants, qui s'ho-
nore d'être français et qui tient à sa nationalité,
eût un régime monétaire différent de celui de sa
Métropole, de telle sorte qu'on y vît circuler
trente-deux espèces de monnaies étrangères à
l'exclusion de la monnaie française, qui était
pour vous un mythe, il y a quelques jours à
peine ! Cette absence de toute monnaie nationale,
laquelle peut seule servir à régler d'une façon
rationnelle les échanges entre la Métropole et
la Colonie, m'a paru constituer un danger, qui
ne pouvait que s'aggraver, vu la dépréciation
croissante de l'argent. D'où, pour moi, l'urgente
nécessité de rétablir l'harmonie économique en
mettant la vérité à la place de l'erreur, c'est-à-
dire la monnaie de bon aloi à la place de la
monnaie surfaite.

La Métropole était gravement intéressée dans
la question. Par suite de la baisse croissante de
l'argent, que je viens de vous signaler, amenée
par la démonétisation de l'argent en Angleterre
et en Allemagne, le Gouvernement avait vu ses
coffres envahis par des millions de roupies et il
savait que des spéculateurs, le menaçaient de
nouvelles importations.

On a souvent parlé de créer une monnaie spéciale pour la Colonie. Mais, à moins d'être notablement surhaussée, elle ne resterait pas plus que les quadruples et n'aurait aucune influence salutaire sur le change. En outre, cette monnaie coloniale aurait pour effet de maintenir la cherté excessive de toutes choses.

Or, j'ai pensé et je pense encore que tous les intérêts en ce monde sont solidaires ; que, si les finances publiques sont compromises, les fortunes privées ne peuvent pas ne pas l'être. Quand une partie de l'ensemble qui constitue le corps social souffre, les autres parties souffrent de cette souffrance, qui se communique de proche en proche. Aussi, moi qui suis partisan de la réforme monétaire, parce que je l'ai crue et la crois bonne, je vous dis : Il dépend de vous tous, de l'association de vos volontés, de la faire réussir immédiatement, en secondant les vues généreuses et bienveillantes de la Métropole. Elle a envoyé du numéraire français ; réservez-le précieusement pour vos besoins personnels, pour faire des remises le cas échéant, si l'on vous refuse des traites à un taux modéré ; c'est légitime autant que logique. Mais ne vendez pas votre numéraire, n'en favorisez pas l'accaparement, opposez-vous, chacun dans la sphère de votre action, à ce drainage dont vous ne profiteriez un peu que pour en souffrir plus tard beaucoup (*Applaudissements*).

Je vais vous raconter ce qui s'est passé aux

Antilles ; vous y puiserez d'utiles enseign··ments.
C'était en 1855, l'amiral de Gueydon venait
d'être nommé gouverneur aux Antilles, où le
change était à 14 %. L'amiral, qui est un administrateur très-éclairé, déclara au Ministre qu'il
n'irait pas gouverner un pays où le change sur
France était à ce taux excessif ; qu'il lui fallait,
pour accepter ces fonctions, le décret de démonétisation, dont il était question à ce moment.
Ce décret, préparé pour les trois colonies de la
Martinique, de la Guadeloupe et de la Réunion,
ne fut appliqué qu'aux deux premières, une
influence malheureuse ayant fait rayer le nom
de cette dernière. M. de Gueydon partit donc
pour la Martinique avec le numéraire français
qui devait remplacer les monnaies étrangères ;
le change, ainsi que je viens de le dire, était à
14 %. L'équilibre entre l'importation et l'exportation était rompu. Les mêmes résistances dont
nous sommes ici témoins se produisirent, les
mêmes faits qui menacent ici l'avenir de la circulation monétaire en furent la conséquence. On
exporta le numéraire pour amener une crise et
provoquer au maintien du change. M. de Gueydon ne se découragea pas ; il y mit une fermeté
digne du plus grand éloge, il n'hésita pas à prendre les mesures les plus rigoureuses contre le
mauvais vouloir de ceux qui relevaient de son
autorité. La Banque tint bon et ses caisses furent
alimentées par des envois d'or et d'argent que
lui fit l'agent central ; la Métropole envoya, de

son côté, des espèces pour ses divers services, et, en fin de compte, un an après la promulgation du décret, le change était à 2 %, puis au pair, où il s'est maintenu. Il dépendait des Antilles que ce fait économique se produisît un an plus tôt, et ce sont elles qui ont payé les frais de la guerre faite à la réforme monétaire, qui a amené un peu plus tard la baisse du change.

Et pourtant, M. de Gueydon avait eu à lutter contre un écrivain de valeur, qui n'hésitait pas à voir dans les faits immédiats, conséquence de la conduite imprudente des Antilles, la justification de la répugnance que lui avaient inspirée les récents décrets. M. Le Pelletier de Saint-Rémy écrivait, en effet, peu de temps après la promulgation des dits décrets :

« Nous sommes en pleine paix, l'argent abonde sur toutes les places de l'Europe, la prospérité circule dans les veines de la France... et cependant nos colonies des Antilles se débattent dans une crise monétaire qui rappelle aux survivants de la dernière génération le temps où les frégates anglaises serraient leur île comme une place assiégée.

« Les traites sur l'Europe se paient jusqu'à 12 et 14 % de prime ; le numéraire national ne se trouve pas à ce prix ; le numéraire étranger a disparu ; une monnaie de papier, dont la contre-valeur est déposée dans les caisses publiques, constitue le seul numéraire de la circulation, et les populations, qui n'ont point d'autre instrument pour les transactions journalières de la vie, se voient réduites à implorer comme une grâce l'extension de ce déplorable expédient; la Banque de circulation, qui fonctionne dans chacune des deux îles, ne peut, sous peine de mort instantanée, rembourser son papier fiduciaire autrement qu'avec ce papier d'État, proclamé monnaie légale ; l'importateur des marchandises d'Europe, qui ne peut régler ses comptes avec la Métropole qu'en subissant un change de 12 à 14 %, les fait payer en conséquence au consommateur, en sorte que tout se maintient hors de prix au milieu d'une abondance d'importations si réelle que les esprits superficiels peuvent, avec une apparence de raison, y voir la cause du mal.

« Telle est la situation : — que les colons, que les négociants de nos ports, que tous ceux qui sont en relations d'affaires avec nos Antilles, se lèvent et jettent la pierre à cet écrit, s'il est chargé de trop sombres couleurs.

« Il y a synchronisme entre le développement du mal et la promulgation du décret.....

« L'élaboration de cet acte avait été faite en vue de l'Ile de la Réunion aussi bien qu'en vue des Antilles. Mais l'application n'a eu lieu qu'à la Martinique et à la Guadeloupe. Elle n'a jamais été faite et ne sera certainement jamais faite à notre colonie du l'Océan Indien.

« En présence du Prince chargé du gouvernement des Colonies, j'ai hautement imputé la détresse de nos Antilles au décret du 23 avril. Le Prince a prouvé qu'il était placé au-dessus de tout parti-pris en pareilles matières : il a ordonné que la question monétaire fût immédiatemrut remise à l'étude.

« J'avais fait partie de la Commission d'élaboration du décret du 23 avril, et en le voyant prendre force de loi malgré mon énergique opposition, je lui avais prédit presque tout le mal qu'il a fait.

« Fort de ce passé et d'une expérience laborieusement acquise, je viens porter mon témoignage à l'enquête que le Prince ministre a ordonné d'ouvrir. »

Eh bien, Messieurs, malgré toutes ces sinistres prédictions, le mal a été de courte durée ; les habitants des Antilles se sont aperçus bien vite qu'ils faisaient fausse route, que la résistance aux volontés de la Métropole tournait contre leurs intérêts ; chacun s'est appliqué alors à se procurer de la monnaie et à la faire circuler au lieu de l'exporter. La crise était conjurée avant que l'enquête, qui n'a jamais eu lieu, fût commencée ; le change, au bout d'un an, était tombé à 2 %, n'a jamais dépassé ce taux et a été souvent au pair. Les Banques ont patriotiquement contribué à ce résultat en introduisant chaque année du numéraire français.

C'est à vous tous, habitants de ce pays, grands et petits, à vous unir pour empêcher l'émigration du numéraire et pour en faire venir au besoin, si vous êtes impuissants à l'empêcher de sortir. Déjà, je dois le dire, j'ai l'assurance que la Compagnie du chemin de fer et du port se dispose à faire venir des fonds pour le paiement des salaires de ses ouvriers. Que ceux qui le peuvent imitent cet exemple. Vous avez la Banque coloniale qui peut beaucoup, qui est la clef de voûte de l'édifice financier du pays et que le Gouvernement a entourée et entourera toujours de toutes ses sollicitudes. Pourquoi cet établissement, créé en 1848 avec une partie de l'indemnité accordée aux propriétaires d'esclaves et dont le privilége a été renouvelé en 1874 sur le rapport de M. Ducuing, a-t-il eu le droit de constituer son capital en rentes sur l'État ? Ce n'est point pour faire monter ses actions et augmenter les dividendes de ses actionnaires, mais pour lui permettre de travailler à l'abaissement du change. Et remarquez-le, lorsqu'il s'est agi dans les Chambres, en 1874, de renouveler le privilége des Banques coloniales, et que le rapporteur a énoncé que la Banque du Sénégal ne remboursait pas à vue ses billets, vos représentants redoutaient que l'attention ne fût appelée sur la Banque de la Réunion, dont le remboursement à vue n'a jamais été l'état normal.

Au lieu donc de chercher à nous diviser, unissons-nous tous, Messieurs, dans l'intérêt de ce pays si intelligent, si digne d'intérêt ; dévouons-nous à l'œuvre commune, qui profitera à l'un aujourd'hui, pour profiter à l'autre demain : *Hodie mihi, cras tibi.* Je désire ne pas prononcer ici de noms propres, je n'y suis pas d'ailleurs autorisé ; mais je vous lirai une lettre d'un habitant de la Colonie, adressée à la date du 27 février dernier, à notre député M. de Mahy. Vous y verrez un partisan convaincu et très-judicieux de la réforme monétaire accuser très-nettement le principe indispensable de la solidarité des intérêts ; vous y verrez la nécessité de soutenir la Banque, qui d'ailleurs est administrée par des hommes d'une valeur réelle ; vous y verrez que l'utilité du Crédit agricole, du Comptoir d'escompte y est reconnue, car ces trois établissements ont leur raison d'être et peuvent vivre à côté l'un de l'autre. Vous verrez encore dans cette lettre la réfutation très-spirituelle de cette thèse que l'agriculture vit de l'élévation du change. Le sucre ne s'achète que ce qu'il vaut, et, si le commerce le paie plus cher à l'habitant à raison du change, c'est qu'à raison du change il lui a d'abord fait payer plus cher tous les objets nécessaires à la faisance-valoir.

Voici, du reste, cette lettre très-instructive :

LETTRE D'UN HABITANT
à M. de MAHY.

« Que la Métropole retire de la circulation toutes les monnaies étrangères actuellement dans le pays et les remplace par des pièces nationales de 0 fr. 50, de 1 franc et de 2 francs. J'indique ces pièces divisionnaires, parce qu'elles ne peuvent être accaparées pour Madagascar, qui exige des pièces de cinq francs en argent. Que l'encaisse métallique de la Banque soit faite au moyen des mêmes pièces et que toutes les monnaies étrangères soient prises au cours du moment, c'est-à-dire à leur valeur nominale sans préjudice pour personne, Nous voilà débarrassés des roupies, des kreutzers, des quadruples, etc., etc. La monnaie nationale circule, tout se paie et s'achète avec des pièces françaises de 0 fr. 50, de 1 franc et de 2 francs, et des billets de la Banque de la Réunion, pour lesquels on ne doit pas décréter le cours forcé.

« Ainsi donc, nous sommes débarrasés de toutes les monnaies étrangères et toutes nos transactions intérieures ne se font plus qu'au moyen de pièces françaises et de billets de Banque. Arrive le départ du courrier. Un commerçant veut faire passer des fonds à son commissionaire en France ; il va trouver le directeur d'un de nos établissements de crédit et lui demande une traite sur France. Oui, lui répond le financier, elle vous coûtera 12 % de change. — Je ne puis ni ne veux payer 12 % de change, répond le premier ; j'aime mieux expédier des pièces françaises, elle ne me coûterons, rendues, à Paris, que 4 % de commission, d'assurances et de frais de transport. Si vous le voulez, au même prix, je vous donnerai mon argent et prendrai votre papier. — Le banquier refuse et le commerçant expédie des pièces françaises, et tous ceux qui ont de l'argent à envoyer en France en font autant devant le mauvais vouloir des banques.

« Bien, me direz-vous, cela durera un mois, deux mois, six mois même, je vous l'accorde ; mais, après ce temps, comment ferez-vous?

« Les banques et toutes les personnes intéressées à la baisse du change accapareront les pièces françaises, les retireront de la circulation et vous ne vous trouverez alors qu'en présence de vos billets de Banque qui n'ont pas cours en France. Comment ferez-vous à ce moment?..... Comment ferai-je ? J'irai tout simplement demander à la Banque le paiement de ses billets. Or, comme la Banque doit me payer son papier en monnaie française, j'expédierai cette monnaie, qui a cours en France, et j'éviterai par ce moyen de passer sous les fourches caudines.

« Mais, ajouterez-vous, si chacun demande à la Banque le remboursement du papier dont il est porteur, la Banque sautera, puisque son encaisse métallique n'est que de trois millions et demi et que son émission fiduciaire est de neuf ou dix millions. Oh! non la Banque ne sautera pas, et vous pouvez être parfaitement tranquille sur ce point. Ceux qui font la hausse du change sont tous de forts actionnaires de la Banque ; ils tiennent à sa prospérité et ne veulent nullement la voir mise en faillite. Maîtres du cours du change, ils sauront bien le ramener à un taux convenable, qui n'excèdera pas 4 à 5 %, et, à ce prix, les commerçants préfèreront prendre du papier sur France plutôt que d'y envoyer de l'argent.....— Nul ne viendra donc à remboursement et la Banque ne sautera pas. Mais il faut, je vous le répète, que son conseil d'administration soit bien persuadé que jamais, quoi qu'il arrive, le gouvernement ne décrètera le cours forcé de ses billets.

« Il est encore un argument que les partisans de la hausse du change mettent en avant..... Ils prétendent que le change élevé profite à l'agriculture. Oui, tout comme la corde profite au pendu qu'elle soutient en l'étranglant. Il est certain que, si les producteurs voient leurs denrées se vendre à un prix un peu plus rémunérateur à cause de la hausse du change, ils sont aussi obligés de payer beaucoup plus cher leur approvisionnements renchéris par suite de cette même hausse, et j'ajouterai même que la balance n'est pas égale, car ils ne bénéficient pas du coût entier du change sur la vente de leurs sucres ou de leurs cafés, les acheteurs et les banques s'en réservant actuellement une partie, tandis que les producteurs sont obligés de subir le poids entier de la hausse sur les riz, grains et marchandises de toutes sortes dont ils ont besoin.

« Au moment de clore ma lettre, je pense à un dernier argument. Des pièces françaises, vous dira-t-on, seront expédiées en France et ne reparaîtront pas dans le pays. C'est là une erreur. Les sucres, dans la colonie, s'achètent par l'intermédiaire des banques, c'est-à-dire qu'un négociant qui reçoit des ordres d'achat d'un de ses correspondants ne reçoit pas en même temps les fonds nécessaires à l'acquisition dont on le charge. Il prend au Crédit agricole, au Comptoir d'escompte ou à la Banque l'argent dont il a besoin, et rembourse ces établissements au moyen de traites appuyées de connaissements, sur lesquelles toutes les banques tirent à leur tour.

« Ainsi, par exemple, M. B. reçoit de M. V. de Nantes l'ordre d'acheter pour son compte un million de kilogrammes de sucre. M. V. n'envoie pas à M. B. les cinq cent mille francs nécessaires à cet achat. M. B. les prend au Crédit agricole, qui les lui donne à condition que M. B. lui négociera à un taux déterminé les traites qu'il tirera sur les sucres expédiés et que ces traites seront appuyées de connaissements garantissant leur payement à échéance. En possession de ces traites garanties par connaissements, le Crédit agricole les adresse à son correspondant, le Crédit lyonnais qui les encaisse et qui paie avec leur produit les traites qu'à son tour le Crédit agricole tire sur lui à l'ordre du commerce. Or, si le commerce ne prenait plus ses traites à raison de leur cherté, le Crédit agricole ne pourrait pas rentrer dans ses déboursés et verrait bientôt ses caisses vides à la Réunion. Il serait obligé, pour les remplir, de faire revenir en toute hâte dans la colonie les fonds qu'il aurait improductifs au Crédit lyonnais et cette banque ne pourrait les lui expédier qu'en pièces françaises.

« Vous voyez donc que, d'une manière ou d'une autre,

l'argent français, s'il quitte la Colonie, sera obligé d'y revenir. Il n'y a donc pas de crainte à avoir de ce côté et puis,
je vous le répète, la Banque, menacée d'un remboursement
immédiat, servira de régulatrice au cours du change.

« Signé : *X, habitant de l'île de la Réunion.* »

J'arrive à l'incident de la Banque. Dans un
journal de la localité, le Délégué des finances a
été attaqué à propos de cet incident, que l'on a
qualifié d'*étrange histoire* et sur lequel, loin de
redouter la lumière, il l'appelle de tous ses vœux.
Un sentiment de haute convenance l'avait rete-
nu jusqu'ici loin des débats engagés au sujet de
sa mission ; mais, provoqué à s'expliquer, il
entre en lice à regret, mais sans hésitation. Il
ne dira pas *toute* la vérité, mais il ne dira que la
vérité.

Ceci entendu, je lis dans le document en question ces mots : .

« Il n'y avait plus alors à discuter, fit-on observer, il n'y
avait qu'à se soumettre, à moins de précipiter dans une
catastrophe la Banque et le pays tout entier.

« Cette effrayante responsabilité que tout autre qu'un
administrateur était bien libre d'encourir pour son compte
personnel, aucun membre du Conseil n'eût osé y exposer
les actionnaires. »

Si, en parlant d'une catastrophe possible, on
n'a entendu livrer au public que des craintes résultant d'impressions personnelles, nous n'avons
point à contester ; mais, si ces appréhensions
sont présentées comme résultant de paroles
prononcées par le Délégué du gouvernement
métropolitain dans une séance du Conseil d'ad-

ministration de la Banque, nous avons à notre tour un droit, celui de déclarer que jamais aucune menace à l'adresse de la Banque n'est sortie de notre bouche.

Les procès-verbaux des séances des 3, 4 et 5 mai, dont nous allons vous donner des extraits, fournis par l'administration de la Banque elle-même, en font foi, comme vous le verrez.

« PREMIÈRE SÉANCE, 3 mai 1879, 2 heures (page 2). — M. Imhaus, écartant de la part du Ministre toute idée de vouloir entraver dans le présent comme dans l'avenir la marche indépendante de la Banque, croit devoir, etc...

« (Page 3). — M. le Délégué se résume ainsi : Ce que je viens de dire ne doit porter aucune atteinte à la marche de la Banque, dont la prospérité, à nos yeux, est liée à celle du pays.

« (Page 3). — Le gouvernement métropolitain, malgré le mécontentement qu'il a ressenti et qu'il manifeste par l'organe de son Représentant, n'a cependant aucun senti-ment hostile contre la Banque, qu'il ne cessera de protéger dans la limite de ses devoirs et d'entourer de sa sollicitude. Il faut donc écarter ici toute idée de pression de sa part et ne voir dans ce qu'il a dit que ce qui y est réellement. Il est de la dignité et du devoir de son Délégué de le procla-mer hautement.

« (Page 3 verso). — Il est animé à l'égard de la Banque, sous l'inspiration du Ministre, des dispositions les plus bienveillantes, etc.

« DEUXIÈME SÉANCE, 4 mai 1879, 8 heures du matin. — « (Page 3). — Nous vous protégerons, nous ne sommes pas des adversaires......

« (Page 6). — Le Gouvernement ne demande que le bon-heur du pays. Comment y arriver, si ce n'est par une étroite solidarité et la communion des bons esprits, animés du bien public.

Troisième séance, 5 mai 1879, 8 heures du matin. —
« (Page 1re, recto.) — Il faut que la Banque ne perde pas
de vue, dans la décision qu'elle va prendre, les intentions
bienveillantes dont le Gouvernement est animé à son égard.

« (Page 3). — M. le Délégué confirme les intentions
bienveillante et protectrices du Gouvernement et de l'Administration locale dans l'intérêt de la Banque. »

Vous pouvez juger par là, Messieurs, si
M. Imhaus a tenu à la Banque un langage com-
minatoire.

Le Conseil d'administration a siégé pendant
cinq séances, qui ont duré chacune plusieurs
heures ; il serait impossible de reproduire ici les
longues discussions qui les ont remplies. Mais
voici, en résumé, le langage qui a été tenu par
le Délégué des finances :

Depuis nombre d'années, la Banque ne rembourse plus ses billets à vue, grâce à une lettre
sollicitée par elle du ministre de la marine et qui
autorisait le chef de la Colonie à décréter le
cours forcé dès que l'encaisse serait menacée.
C'est à celui-là même qui est aujourd'hui à la
Réunion comme Délégué du Gouvernement que
s'était adressé le Directeur. L'exhibition de la
lettre ministérielle suffirait, lui disait-il, pour
mettre la Banque à l'abri de toute réclamation
un peu considérable.

La Banque usait donc virtuellement du cours
forcé, qui, bien que non promulgué, constituait
son état normal. Son encaisse était défendue par
une protection *ad hoc*, qui, nous l'avouons,
était bien plutôt destinée à servir le pays qu'à

favoriser ceux qui pouvaient souhaiter des dividendes élevés ou une hausse des actions. C'est en raison de cette protection toute spéciale que, suivant nous, la Banque n'avait pas le droit de modifier profondément son encaisse sans une entente préalable avec le Gouvernement.

En juin ou juillet 1878, fut nommée la Commission monétaire dont les travaux ne demeurèrent pas un secret pour la Banque, ce qui est constaté par ses délibérations de janvier et février derniers.

Que fit la Banque, avertie du projet de démonétisation qui se préparait ?

Son encaisse comprenait des quadruples pour une valeur de trois millions ; elle en vendit, en deux fois, pour deux millions avec une prime de 7 1/2 % et les remplaça : 2/3 par des roupies, un tiers par ses propres billets. Elle a ainsi volontairement augmenté les sacrifices du Trésor, qui, elle le savait, devait faire sur les roupies une perte plus forte que sur les quadruples.

On a essayé, il est vrai, de soutenir cette thèse qu'il était indifférent pour le Trésor que les roupies à démonétiser fussent dans les coffres de la Banque ou dans les mains du public ; mais cette thèse est évidemment erronnée, car la Banque, en éloignant de ses caisses l'or qui lui était acheté pour l'exportation et en y attirant les roupies en circulation, faisait sur la place un vide qui demandait à être comblé et devait fatalement amener une nouvelle introduction de roupies.

De plus, la Commission de surveillance et le Gouvernement ont été frappés du fait suivant :

En paiement du dernier million de quadruples vendues, la Banque a reçu 617,000 fr. de ses propres billets ; mais contre ces 617,000 fr. elle n'a payé, en raison de la prime de 7 1/2 %. que 570,000 fr. en quadruples ; ce qui équivaut à dire qu'elle a remboursé son billet de 100 fr. à 92.50 et non au pair. A l'arrivée du Délégué, 3 mai, la Banque n'avait pas encore remplacé les billets en question par des roupies.

Nous estimons que la Banque devait rembourser ses billets *au pair* et qu'en les remboursant seulement moyennant une prime, elle a discrédité elle-même son papier et fait trafic de la lettre ministérielle citée plus haut. Refuser le remboursement à vue à qui ne lui donnait rien et l'accorder à qui lui apportait une prime, n'était-ce pas, en effet, trafiquer de cette lettre lui accordant virtuellement le cours forcé ?

De ces considérations résultait pour le Gouvernement le droit de se refuser à démonétiser une quantité de roupies représentant 2 millions de quadruples ou bien, en se chargeant de l'opération, d'imposer à la Banque le remboursement des frais que devait causer au trésor cette transformation monétaire.

Néanmoins, et malgré tant et de si légitimes motifs de plainte, le Délégué, ne voulant exercer sur les résolutions de la Banque aucune pression, lui tint, la veille de la signature du traité, le langage suivant :

« La Banque ne court aucun danger, elle n'est nul-
« lement menacée de liquidation ; lors même que
« votre Conseil refuserait un arrangement, je rem-
« placerais toute l'encaisse de la Banque par des
« monnaies nationales.

« Des roupies, pour une somme de 2 millions,
« seront seules exclues du remboursement qui vous
« est définitivement acquis. Elles seront envoyées, à
« titre de garantie, au trésor, à Paris ; la fonte aura
« lieu pour qui de droit.

« Le Conseil d'État, au besoin, jugera le conflit.
« Il ne s'agit ici que de savoir si c'est le Gouverne-
« ment ou la Banque qui devra supporter les frais de
« la refonte de ces 2 millions. »

Le lendemain, 5 mai, le Conseil d'administra-tion proposa au Délégué de lui abandonner, à titre de transaction, tout le bénéfice fait sur la vente des 2 millions de quadruples, soit la som-me de 157,400 fr., puisque ces opérations avaient été l'objet d'un blâme sévère. Et ici, faisons ob-server que le Conseil de surveillance a loué, dans plus d'une circonstance, la sagesse des opéra-tions de la Banque de la Réunion, et que c'est précisément parce qu'il a eu le courage de la louer qu'il a acquis le droit de la blâmer, quand le blâme lui a paru mérité.

Bien que les frais de la démonétisation dus-sent dépasser le chiffre offert, le Délégué répon-dit qu'il n'avait point à se préoccuper du béné-fice qu'avait pu faire la Banque, qu'il s'agissait pour lui d'exonérer le Trésor des frais de démonétisation de 3 millions de roupies, qui avaient remplacé dans ses coffres les quadruples ; que pourtant, dans un esprit de conciliation, il consentait à fixer à 157,400 fr. la part contributive de la Banque dans la démonétisation de son encaisse, sauf approbation du Gouverneur.

Remarquez que le Délégué des finances, s'inspirant de l'intérêt général du pays, a facilité à la Banque de la Réunion sa libération envers la Banque de France, en se chargeant de faire verser à Paris la somme de 402,475 fr., moitié de la dette de l'établissement colonial.

Voici le traité intervenu à la date du 5 mai :

TRAITÉ AVEC LA BANQUE COLONIALE

LES SOUSSIGNÉS,

Monsieur IMHAUS, Trésorier général des Finances, délégué de Messieurs les Ministres des Finances et de la Marine et des Colonies,

D'une part,

Et Monsieur H. BRIDET, directeur de la Banque de la Réunion, agissant en vertu de la délibération du Conseil d'Administration, en date de ce jour,

D'autre part,

Considérant que les quadruples qui se trouvaient dans l'encaisse de la Banque ont été en partie remplacées par des roupies, ce qui aggrave les frais de la démonétisation pour le Trésor,

Sont convenus de ce qui suit :

ARTICLE 1er

La Banque s'engage à contribuer à la perte résultant de la transformation, en monnaies nationales, des roupies qui font partie de son encaisse métallique pour une somme *de cent cinquante-sept mille quatre cents francs.*

ARTICLE 2.

De son côté, Monsieur Imhaus, en sa qualité susdite, promet que les espèces à démonétiser qui composaient l'encaisse de la Banque à la date du 30 avril, s'élevant à *trois millions quatre cent cinquante-sept mille huit francs dix-huit centimes* seront reçues et remboursées par le Trésor en monnaies nationales au cours pour lequel ces espèces ont été admises jusqu'ici dans les caisses publiques.

ARTICLE 3.

La somme de *cent cinquante-sept mille quatre cents francs*, à laquelle est fixée la part contributive de la Banque dans les frais de la transformation monétaire, sera versée au Trésor en monnaie légale au moment de l'échange des espèces démonétisées.

ARTICLE 4.

De plus, Monsieur Imhaus, ès-nom et qualité, consent à faire délivrer à la Banque, d'ici au 30 juin prochain, contre versement de pareille somme en monnaie légale, un mandat de *quatre cent deux mille quatre cent soixante-quinze francs vingt-trois centimes* sur le Trésor public, au profit de la Banque de France, pour éteindre la moitié de la dette contractée envers cet établissement par la Banque de la Réunion, dette montant, suivant compte arrêté ce jour, à *huit cent quarante mille neuf cent cinquante francs quarante-six centimes.*

Fait double, à Saint-Denis, le cinq mai mil huit cent soixante-dix-neuf.

Approuvé l'écriture :

Signé : G. IMHAUS.

Approuvé l'écriture :

Signé : H. BRIDET.

Approuvé :

Le Gouverneur,

Signé : CUINIER.

Notons que ce traité a été approuvé à l'unanimité par tous les membres du Conseil d'administration.

Si l'Assemblée générale des actionnaires de la Banque tient, comme le dit le correspondant du *Moniteur*, à connaître tous les détails de cette *étrange histoire*, j'ai cru de mon devoir de les leur faire connaître dès ici, me trouvant dans l'impossibilité de prolonger mon séjour dans la Colonie au-delà du 24 juin. On parle d'*étrange histoire* ; mais n'est-il pas plutôt étrange, Messieurs, qu'un des membres du Conseil d'administration, lequel Conseil a autorisé, à l'unanimité, le Directeur de la Banque à signer le traité que nous venons de relater, fasse aujourd'hui (*Moniteur* du 28 mai) appel aux actionnaires et les excite à protester contre ce même traité, qu'il était libre d'accepter ou de refuser ? N'est-ce pas protester contre sa propre signature ?

Le ministre des finances n'est pas mieux traité que son Délégué. Ainsi nous lisons :

« M. Say n'est pas d'ailleurs la République, il faut en convenir ; s'il est ministre aujourd'hui, il ne le sera peut-être plus demain. On peut donc être indifférent à son mécontentement, sans manquer au respect dû aux lois et même à sa personne. »

J'avoue que cette manière de parler de l'homme éminent qui est à la tête du ministère des finances a lieu de surprendre.

Économiste et publiciste distingué, orateur toujours écouté, homme d'État de premier ordre, digne héritier d'un nom européen, M. Léon Say peut, d'ailleurs, se passer de l'admiration qu'on lui refuse ici, bien qu'il n'ignore pas que « l'amitié d'un grand homme est un bienfait des dieux. » (*Applaudissements*).

Et pourtant, si, nous traitant plus favorablement que les Antilles en 1855, la France prend à sa charge les frais de notre coûteuse démonétisation, c'est que l'éminent ministre « qui n'est pas la République, » mais qui en est un serviteur dévoué, ému de notre situation, n'a pas hésité à engager sa responsabilité devant les Chambres auxquelles il devra demander un crédit pour couvrir ces frais.

Il nous avait donné déjà, d'ailleurs, des preuves non équivoques de sa sollicitude pour la Colonie en demandant et en obtenant pour notre port et notre chemin de fer la garantie de l'État. En ce moment, j'ai le pressentiment du nouveau

service qu'il nous rendra en inscrivant à son
budget extraordinaire la subvention que deman-
dera certainement le Ministre de la marine pour
réparer les désastres du dernier cyclone. Que de
motifs pour nous, Messieurs, de ne pas oublier
que les peuples comme les individus s'ho-
norent lorsqu'ils se montrent reconnaissants
(*Applaudissements*).

Oui, M. Léon Say s'est montré bienveillant
pour nous dans la question monétaire, comme il
l'a été et le sera toujours ; mais il ne pouvait
pas, il ne devait pas oublier les contribuables
métropolitains, dont les intérêts lui faisaient un
devoir de dire à la Banque :

Par vos agissements, en favorisant des spécu-
lations dont vous n'avez même pas eu le mérite
de conserver pour votre établissement privilégié
de crédit tout le bénéfice, vous avez aggravé
sciemment, pour le Trésor, les frais de la démonétisation ; il est juste que vous supportiez votre
part de ces frais. Voilà la sanction du blâme
infligé à l'erreur que vous avez commise. —
Cependant nous le reconnaissons : *Errare hu-
manum est !*

L'honorabilité des membres du Conseil d'administration n'est pas évidemment en cause, je
tiens à le dire. Nous avons la conviction que ce
qu'ils ont fait, ils ont cru avoir le droit de le faire ;
mais le Ministre et la Commission de surveillance n'en ont pas jugé ainsi, et c'est pour cela

que j'ai été chargé de réclamer au nom de l'Etat
la réparation du dommage qui lui a été causé.

S'il est vrai, en principe, qu'une banque peut
disposer de son encaisse, a le droit de faire commerce d'or, d'argent et de numéraire, ce droit
se trouvait limité dans la situation où était placée la Banque, ainsi que nous l'avons expliqué,
par le cours forcé, sinon promulgué, du moins
virtuellement établi ; en présence surtout d'un
projet de démonétisation, sa position était réglée
par une sorte de contrat synallagmatique avec
l'État.

Nous plaçant à un point de vue plus général,
nous dirons : La Banque ne peut pas évidemment
se comparer à un établissement comme le Crédit
agricole ou le Comptoir d'escompte. Car le droit
exclusif d'émettre du papier-monnaie ayant
pouvoir libératoire l'a placée sous la surveillance et le contrôle du Gouvernement. Son
directeur est nommé et révoqué par le Président
de la République. Il peut être suspendu par le
Gouverneur. Son Conseil d'administration a un
administrateur de *droit* et un censeur *légal*. De
plus, une Commission de surveillance instituée
par la loi, examine tous ses actes et les juge.

De toutes ces considérations quel enseigne-
ment tirer ? Il ne faut pas, dirai-je, que notre
éloignement nous fasse oublier que nous appar-
tenons à un ensemble dont toutes les parties
doivent être harmonieusement associées. Colonie, il faut prendre notre place et notre rang

dans le concert métropolitain, il ne faut pas répondre sans cesse aux projets de réformes : *Non possumus.* Ce n'est pas une bonne tactique, vous pouvez m'en croire ; moi qui aime ce pays, berceau de mes enfants, où j'ai de grands intérêts, je ne vous donne que des conseils inspirés par mon dévouement

On veut vous appliquer la loi militaire, le régime monétaire français, on organise pour vous l'immigration, à tout vous répondez : *Non possumus.* Cette attitude est en contradiction flagrante avec l'attitude de votre Conseil général, organe légitime des vœux du pays, qui ne manque jamais une occasion de réclamer l'assimiliation à la Métropole. De ces tendances de résistance aux volontés de la France, on en vient bien vite à un empiètement d'attributions. Celui qui tient ici à ses droits doit commencer par respecter les droits de la Métropole et de son Représentant. J'aime certainement l'indépendance, la fierté de votre caractère, j'apprécie la vivacité de vos sentiments républicains ; mais, souffrez que je vous dise, indépendance n'est pas opposition systématique, République n'est pas anarchie. *(Applaudissements.)*

Je vais maintenant m'expliquer au sujet de l'opération de traites faite avec la Banque. J'appris que le haut commerce devait répondre à la démonétisation en ne délivrant pas de traites sur France par le courrier qui allait s'expédier ; j'appris aussi que les besoins de remises étaient considérables. Alors, je proposai à M le Gouverneur de vendre à la Banque pour un million de quadruples retirées de la circulation et devenues la propriété de l'État, quadruples devant servir de provision pour ses tirages sur la Banque de France. Comme il y avait une perte à supporter sur la refonte des quadruples, on l'estima approximativement à 8 1/2 ; avec la commission de la Banque, on tomba d'accord pour fixer à 10 % la prime du change. Le Trésor, en vendant les quadruples au pair, économisait les frais de la transformation de cet or étranger en monnaie française ; il est vrai qu'on augmentait, dans la Colonie, l'encaisse du Trésor, incertain de savoir quand le retour dans la Métropole serait possible ; mais, en ce qui touche la Colonie, la délivrance de traites retenait le numéraire dans la circulation. Le pays y avait intérêt.

Cette mesure a-t-elle été légale ? on lui a contesté ce caractère. Examinons. Le Gouvernement démonétise les pièces étrangères, à la place il vous donne de la monnaie nationale ; il a donc alors de l'argent et de l'or à vendre. Pouvez-vous lui refuser le droit de le placer comme il l'entend ? La Banque, de son côté, a le droit, d'après ses statuts, de faire des opérations sur les monnaies. C'est ce qui a eu lieu. L'État a vendu à la Banque ses quadruples, a fixé la prime des traites et s'est réservé le droit d'en contrôler la répartition. Cette opération, Messieurs, n'a rien d'insolite ; dans toutes les colonies, le Gou-

vernement cède à la Banque ses traites en fixant
la prime et la limite du bénéfice qu'elle peut
faire. Elle n'a porté, vous le voyez, aucune
atteinte à la liberté du commerce, qui a pu, lui,
délivrer ses traites au taux qu'il a voulu.

La Banque a donc publié dans les journaux un
avis faisant savoir au public qu'elle avait des
traites à placer ; des demandes se sont produites
et la liste m'en a été fournie par le Directeur. On
comptait 140 demandes montant à 2 millions
environ, et nous n'avions qu'un million à distri-
buer. Parmi les demandeurs figurait M. Soubre
pour 230,000 fr. ; or, j'avais été informé que cet
honorable négociant devait expédier par la malle
à ses correspondants en France 100,000 fr. de
monnaie française. Je le priai de venir conférer
avec moi au sujet de sa demande, et, tout en
reconnaissant le droit qu'il avait de faire cette
expédition, je lui exprimai le regret de le voir
entrer dans cette voie. Vous avez parfaitement
le droit, lui dit le Délégué des finances, d'exporter du numéraire ; la preuve que nous entendons
la chose comme vous, c'est que nous ne faisons
rien pour entraver l'exercice de votre droit, ni
par un impôt à l'exportation, ni par une défense
d'exporter. Mais je tiens à donner des traites aux
commerçants qui, en ayant besoin, n'ont pas
d'autre moyen de remise. Du moment que vous
exportez 100,000 fr. de numéraire, vous êtes en
possession de la somme pour laquelle je comptais
vous admettre à la répartition.

Néanmoins, ajoutai-je, comme vous vous êtes fait inscrire pour 235,000 fr., je vous donnerai des traites pour 150,000 fr., à la condition que vous laisserez dans le pays, qui s'en trouvera bien, les 100,000 fr. espèces que vous vous proposez d'exporter. M. Soubre refusa et fut rayé.

La Chambre de commerce a vivement critiqué cette manière de faire et elle a protesté. Sans doute la Chambre de commerce est une corporation très-respectable et très-respectée par l'Autorité, mais elle doit se maintenir dans ses attributions, qui sont purement consultatives. Elle ne doit pas oublier qu'elle relève exclusivement de l'Autorité locale, qui lui a donné la vie, qu'elle est placée près d'elle pour l'éclairer, non pour la censurer. Ici n'a-t-elle pas évidemment excédé ses pouvoirs en faisant bon marché de l'autorité du Gouverneur pour en appeler au Ministre d'un acte qu'il a accompli dans la plénitude de ses droits ?

La protestation de la Chambre a donc un double tort, elle pèche par la forme comme par le fond.

Ici M. Imhaus, pour montrer avec quelle impartialité il a procédé dans la distribution du papier de la Banque, donne la liste des bénéficiaires des traites accordées et montre qu'il a fait droit à 103 demandes, petites et grosses, en tenant compte des besoins de chacun, et sans se souvenir des noms des personnes notoirement hostiles à la réforme monétaire. Il se félicite de pouvoir citer MM Souvielle et Lalanne, qui, sur sa prière, ont renoncé à expédier du numéraire français. (*Applaudissements.*)

M. Imhaus continue.

Est-ce réellement, Messieurs, un abus d'autorité, l'acte si légitime et si bien justifié aujourd'hui aux yeux de tous, et la Chambre, en censurant jusqu'à l'Autorité métropolitaine, n'oublie-t-elle pas la parabole de l'évangile, de la poutre et de la paille ?

J'arrive à l'affaire dite des *K/véguens*, qui est l'affaire palpitante du moment. Je vais vous dire avec la plus grande sincérité tout ce qui s'est passé à ce sujet. Vous savez qu'en 1859, M. de K/véguen sollicita et obtint de l'Administration l'autorisation d'introduire dans la Colonie, *pour le paiement de ses engagés*, une somme de 227,000 pièces de 20 kreutzers, ayant cours conventionnel de 1 franc la pièce. Ces pièces étaient remboursables par groupe de 25 et 100 francs, au cours qu'elles auraient à l'époque du remboursement. L'honorabilité, comme la solvabilité de M. de K/véguen, ne faisant doute pour personne, l'Administration n'exigea pas le dépôt d'un cautionnement, d'un titre de rente, par exemple, pour garantir le remboursement. Elle se contenta de la parole de M. de K/véguen, ce qui fut une faute grave, car les fortunes les mieux assises ne sont pas à l'abri d'un revers. L'Angleterre a vu s'écrouler des positions bien autrement puissantes et solides que celle de M. de K/véguen à l'époque.

Quoi qu'il en soit, l'autorisation fut accordée ; l'Administration chercha bien à réparer sa faute

en déclarant qu'elle ne garantissait pas la valeur
du *K/véguen*, qu'elle ne lui donnait ni cours
légal ni accès dans les caisses publiques; mais en
fait, la pièce, dite *K/véguen*, passa couramment
pour un franc. Quelques années s'étaient à peine
écoulées que les 227,000 pièces introduites
s'étaient multipliées, le chiffre en montait à
500,000, 800,000 ; on ne pouvait le fixer, mais
on savait, à n'en pas douter, que la circulation
excédait de beaucoup le chiffre primitif.

Nul ne s'en inquiéta ; et, si nous consultons
une brochure du fils de M. de K/véguen, impri-
mée à Paris en février dernier, nous voyons qu'il
apprécie que son père a rendu un immense service à la Colonie en introduisant dans la circulation cette monnaie surhaussée de valeur, sans
laquelle elle n'aurait pu marcher, dit-il. La
vérité, c'est que, une fois le marché monétaire
du pays ouvert aux kreutzers, grâce à une autorisation limitée, le marché en fut approvisionné
indéfiniment, sans que le Gouvernement, le Conseil privé, le Conseil général, la Douane, personne, enfin, s'en inquiétât le moins du monde.
Quant à M. de K/véguen, on est en droit de se
demander pourquoi les introductions qu'il a faites après la mort de son père ont été faites sans
déclaration et sans autorisation préalables.

Telle était la situation, lorsque la question
monétaire se posa devant le Gouvernement métropolitain, qui résolut de démonétiser. C'est au
dernier moment que le Ministre des finances

apprit qu'il y avait dans la circulation des pièces de 20 kreutzers, dites *K/véguens*, lesquelles avaient été tolérées par l'Administration, mais n'avaient jamais eu cours légal.

Le ministre estima que le Trésor métropolitain devait se dégager absolument de toute immixition dans l'opération des Kreutzers et déclara formellement que jamais l'État ne prendrait à sa charge la démonétisation d'une monnaie qu'un particulier avait fait venir pour le paiement de ses engagés, qui n'avait pas de cours légal, qui n'était pas reçue dans les caisses publiques. Il était du devoir d'un gouvernement honnête comme le gouvernement de la République, d'en faire la déclaration, de dire nettement sa pensée et de ne laisser planer aucun doute sur ses intentions.

Je vis alors M. de K/véguen, pour lequel je professe la plus grande estime et ai la plus profonde affection. C'est moi qui ai parlé sur la tombe de son père, c'est vous dire que mes sentiments à son égard ne sauraient être suspects. J'eus donc avec lui une conférence. Je pars, lui dis-je, pour la Réunion avec le décret de démonétisation des pièces étrangères. — Est-ce que le Gouvernement, me dit-il aussitôt, se mettra en mon lieu et place aux conditions que j'ai indiquées dans ma brochure? — Non, lui répondis-je, et je lui fis connaître les instructions formelles du Ministre des finances.

Dans la conversation, M. de K/véguen me déclara spontanément qu'après son père il avait introduit 500,000 kreutzers et il ajouta: Je les retirerai comme les autres, car je ne veux pas que le nom de mon père reçoive la moindre atteinte.

Je ne faisais plus dès lors doute, après cette déclaration d'un galant homme, renouvelée d'ailleurs à M. le Gouverneur, à M. le Directeur de l'intérieur et à M Chabrier du Gol, que M. de K/véguen donnerait des ordres pour le remboursement de tous les kreutzers introduits par lui et par son père. Or, arrivé ici, nous constatons qu'il n'y a pas eu d'instructions de données. A la réflexion, nous nous sommes expliqué la chose: à distance, M. de K/véguen s'est probablement fait illusion sur la gravité de la question, il a cru qu'il pouvait introduire une instance devant le Ministre et avoir le temps de prendre un parti. Au fond, je n'ai pas l'ombre d'une inquiétude sur les intentions de M. de K/véguen et je suis persuadé qu'il s'exécutera loyalement.

A peine les décrets régissant le régime monétaire français et devant amener le retrait de l'autorisation donnée à M. de K/véguen en 1859 étaient-ils promulgués que nous étions interrogés au sujet des *K/véguens*. Le gouvernement pouvait-il ne pas dire la vérité tout entière? Non, son honnêteté lui faisait un devoir de déclarer que jamais l'État n'interviendrait dans

la démonétisation des *K/véguens*. Sur ces entre-
faites, apprenant que le mandataire de M. de
K/véguen se trouvait à Saint-Denis, je me ren-
dis auprès de lui et lui demandai s'il était prêt à
retirer tous les kreutzers introduits par la
famille K/véguen. — Mes instructions, me
répondit-il, ne sont pas très-précises, je les
relirai et vous fixerai demain.

Je revis M. Tiphaine le lendemain à l'hôtel
du Gouvernement ; il me confirma ce qu'il
m'avait dit la veille, à savoir qu'après avoir
consulté ses instructions, il ne se croyait pas
autorisé à retirer plus de 227,000 *K/véguens*.
Je fis part à M. Tiphaine de tous les détails de
mon entrevue avec son mandant à Paris et j'in-
sistai beaucoup pour. qu'il évitât tout retard
dans le remboursement, afin que la considéra-
tion de son mandant n'eût pas à en souffrir.

M. Tiphaine me parut ébranlé et je lui offris
alors de le présenter à M. le Gouverneur, qui lui
tint le même langage que moi. Le Gouverneur
lui représenta qu'il y avait urgence à rembourser les kreutzers surtout dans les centres populeux, là où il y a de nombreux travailleurs, et
ce, non par groupe de 25 fr., mais bien par
unité, ce que la présence de la monnaie nationale
rendrait facile. M. Thiphaine se rendit aux
judicieuses observations de M. le Gouverneur et
promit de s'y conformer, surtout en ce qui tou-
·chait le remboursement par unité dans les centres populeux. C'est alors que le Délégué des

finances lui demanda de quelle somme divisionnaire il pouvait avoir besoin. Il en fixa lui-même l'importance à 25 ou 30,000 francs. Cette somme fut mise immédiatement à sa disposition et M. Tiphaine annonça qu'il la ferait prendre le lendemain.

Depuis, je ne l'ai pas revu. Il est reparti pour Saint-Pierre. Deux jours après, M. le Directeur de l'intérieur l'invita officiellement à rembourser tous les Kreutzers, l'autorisation de 1859 étant retirée; il répondit à M. le Directeur de l'intérieur une lettre qui n'est pas très-explicite, d'où il semble ressortir que, pour continuer des remboursements en sus des 227,000 kreutzers déjà remboursés, il avait besoin de nouvelles instructions de son mandant.

Postérieurement, ayant conçu des craintes peu justifiées à notre avis, il mettait les propriétés de M. de K/véguen et sa personne sous la protection de l'Autorité. L'Autorité s'empressa d'aviser.

Cependant il fallait bien prendre un parti. Du moment que l'Etat ne devait pas le remboursement des kreutzers, ce remboursement ne pouvait être qu'à la charge de M. de K/véguen. On procéda; M. Tiphaine, mandataire des héritiers K/véguen, fut sommé par voie d'huissier d'avoir à retirer les *K/véguens* de la circulation; devant son refus de s'exécuter, une assignation à bref délai lui fut signifiée.

Mais, en attendant que l'affaire eût son cours,
qu'allait-il se passer ? Les détenteurs de *K/vé-
guens* allaient-ils attendre patiemment la solution et cette monnaie continuerait-elle à circuler ? L'Administration fut informée qu'une vive
émotion se produisait dans le public, que les
marchands refusaient les *K/véguens* et que les
boutiques se fermaient. On songea alors à un
emprunt fait sur la valeur courante du K/vé-
guen ; l'émotion ne s'apaisa pas et alla croissant.
C'est alors qu'en présence des complications qui
surgissaient et qui pouvaient, dans une certaine
mesure, compromettre l'ordre public, M. le
Gouverneur autorisa les caisses publiques à
recevoir les K/véguens en paiement des taxes
locales. Et c'est ici que vous devez rendre hommage à la profonde honnêteté politique du chef
de la Colonie. Sollicité d'aller plus loin et de
déclarer que la Colonie paierait à défaut de M. de
K/véguen, que la décision du Conseil général
n'était pas douteuse à cet égard, il s'y est refusé;
il a répondu qu'il avait promis de respecter les
prérogatives de la Représentation locale, qu'il
les respecterait et n'empiéterait pas sur le droit
qu'a seul le Conseil général d'engager les finances de la Colonie. Le Conseil général a donc été
convoqué à bref délai.

Ainsi, pour me résumer, il ne fait pas doute
pour moi que M. de K/véguen retirera 727,000
kreutzers. Maintenant y en a-t-il davantage ?
La question s'agitera de savoir qui remboursera

4

le surplus, au cas où M. de K/véguen se refuserait à le rembourser. Où est la responsabilité
encourue? qui doit la porter ? M. de K/véguen
ou la Colonie, victime de l'imprévoyance du
passé ? En tout cas, le débat, si débat il y a,
portera sur une somme relativement peu impor-
tante, car, d'après les calculs les plus pessi-
mistes, il n'y aurait pas plus de un million de
K/véguens dans la circulation. Je crois donc,
Messieurs, que les détenteurs de kreutzers peuvent être assurés. J'ai la confiance qu'ils ne per-
dront pas un centime. Ceux-là seuls sont à
plaindre qui, manquant de confiance ou poussés
par le besoin, ont livré leurs kreutzers pour 80
et 75 centimes. (*Vive approbation.*)

Je veux terminer cette conférence en vous
lisant une lettre de M. de Mahy, qui accepte et
revendique, pour M. Laserve et pour lui, la responsabilité des mesures prises par le Gouvernement pour la démonétisation à la Réunion.
C'est une parole autorisée que vous allez entendre, la parole de vos Représentants au Parle-
ment, qui, placés aussi haut dans votre cœur
que dans l'estime du Gouvernement métropolitain, ont de larges vues sur les intérêts colo-
niaux et ne sont jamais au-dessous du titre de
Représentants de la nation française que, grâce
au principe d'assimilation, vous avez pu leur
conférer, à l'unanimité presque de vos suffra-
ges. (*Applaudissements.*)

Lettre de M. de MAHY à M. IMHAUS

« Je vous souhaite bon voyage et bonne réussite dans la patriotique mission que vous avez acceptée de seconder notre digne gouverneur pour l'application des mesures ordonnées par le Gouvernement métropolitain en vue de réformer le régime monétaire si défectueux de notre Colonie.

« Vous partez, d'accord sur ce point avec M. Laserve et avec moi. Nous partageons donc la responsabilité des mesures que le Gouvernement a prescrites avec notre assentiment et dont le principal mérite vous appartient, car c'est vous qui en avez eu l'idée première devant la commission chargée de cette étude par les deux départements de la Marine et des Finances. La nécessité de cette réforme, parfaitement comprise et désirée par la grande majorité des habitants de la Colonie, ainsi que le témoignent nos correspondances arrivées par la malle, sera, je n'en doute pas, acceptée par tous, quand vous aurez expliqué à ceux qui s'y sont d'abord opposés le mécanisme et les bons effets qu'on en peut attendre.

« Si vous pouvez éclairer également l'opinion sur la question du service militaire très-peu lourd, mais indispensable, que la Métropole songe à instituer dans la colonie, ce sera un titre de plus que vous aurez à notre reconnaissance.

« M. Laserve, que je viens de voir au Sénat, me charge de vous dire que, s'il ne peut pas vous écrire, il ne partage pas moins toutes les idées contenues dans cette lettre. Il l'approuve entièrement et a développé les mêmes idées dans sa dernière conversation avec M. Cuinier et avec M. Manès.

« Tâchez de persuader à nos amis de Saint-Pierre de réaliser une idée archi-vielle, mais archi-excellente, qui est de féconder la zone .moyenne en portant le canal Saint-Étienne dans les hauts et de laisser reposer les terres des bas aujourd'hui bien malades. Persuadez à tous de ne faire de la canne que là où elle pousse bien et là où elle donne des revenus et non pas de la perte. Persuadez de reboiser. Persuadez de revenir au café, aux vivres, au tabac, aux animaux. Persuadez d'employer, là où elle est possible, la charrue, les machines, moins coûteuses que les bras de l'homme.

« Persuadez à tous de ramener au travail, par des concessions réciproques, les éléments existant dans le pays. En continuant tout cela, avec une immigration modérée, on relèverait le pays.

« Signé : de MAHY. »

Je vous remercie, en terminant, de l'attention que vous avez bien voulu me prêter, en écoutant avec autant de bienveillance cet exposé dont vous voudrez bien excuser la longueur, et, si j'ai eu le bonheur de vous intéresser quelques instants, je vous demanderai la permission de vous adresser un nouvel appel pour vous entretenir de l'immigration. (*Applaudissements prolongés.*)

M. Drouhet se lève alors et remercie M. Imhaus au nom de l'assemblée des explications qu'il a bien voulu fournir au sujet de sa mission. (*Vifs applaudissements.*)

Marseille. — Typ. et Lith. Barlatier-Feissat Père et Fils

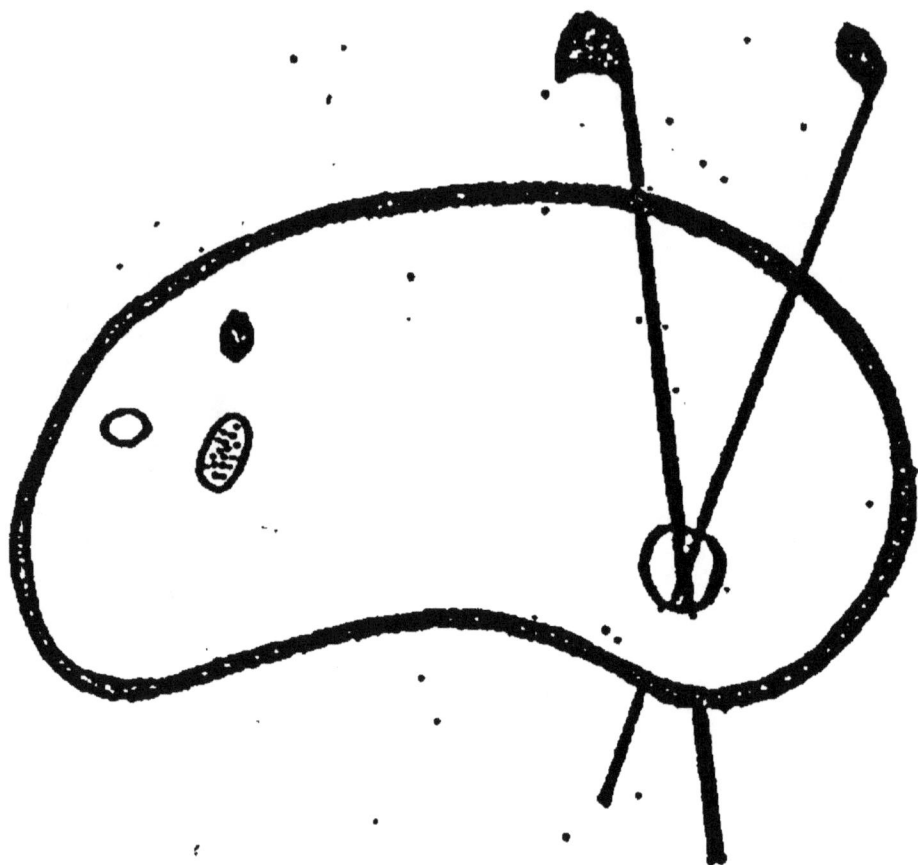

ORIGINAL EN COULEUR

NF & 43-120-8